THÈSE

POUR

LA LICENCE

UNIVERSITÉ DE FRANCE. — ACADÉMIE DE RENNES.

FACULTÉ DE DROIT.

THÈSE POUR LA LICENCE,

JUS ROMANUM .... De nautico fœnore. (Dig., lib. XXII, tit. 2. — Cod., lib. IV, tit. 23. — Nov., 106 et 110.)

DROIT FRANÇAIS ... Du contrat de prêt à la grosse. (Cod. de commerce, art. 311-332.)

Cette Thèse sera soutenue le   1875,

A DEUX HEURES ET DEMIE,

Par M. Georges-Eugène BLANC,

Né à Nantes, le 12 octobre 1853.

EXAMINATEURS :

MM. DURAND, GAVOUYÈRE, WORMS, DE CAQUERAY, professeurs.

RENNES
OBERTHUR ET FILS, IMPRIMEURS DE L'ACADÉMIE.

1875

PARENTIBUS ET FRATRI MUNUSCULUM.

JUS ROMANUM.

De nautico fœnore.

(Dig., lib. XXII, tit. ii. — Cod., lib. IV, tit. xxiii. — Nov., 106 et 110.)

PROŒMIUM.

In contractu qui *nauticum fœnus* dicitur, pecunia navigatori credebatur, hac lege ut, si male eveniret maritima expeditio, periculum creditori esset, qui in hoc casu nihil a debitore reciperet; si vero bene, non solum pecunia credita, sed etiam nauticæ usuræ, id est nauticum fœnus, illi solverentur.

Nautici fœnoris utilitas in eo constabat ut navigatoribus liceret, pecuniam qua illis pro maritimis rebus opus esset, facilius obtinerent, civesque opulentes ad divitias maris periculis credendas, adducerentur.

Apud Græcos nauticum fœnus antiquitus usitatum fuit; et hoc ita nobis videtur, quum Demosthenis orationem contra Lacritum legimus, in qua Atheniensis orator exponit quo modo pecunia nautica mutuo daretur; cæterum, easdem nautici fœnoris regulas, in fragmento 122, lib. XXII, Dig., nobis exponit Scævola. Non minus manifestum sæpissime Romæ et Constantinopolis pecuniam nauticis rebus datam fuisse. Novellam enim CVI, ex duorum fœneratorum votis atque consiliis digessisse, fatetur Justinianus : « Duos enim istos Petrum et Eulogium supplicasse nostræ sacræ potestati, et per se explanasse dicentes, quod consueverunt naucleris seu negotiatoribus mutuare, et maxime in mari negotia facientibus, et hanc vitæ habere occasionem. » (Nov., CVI.)

Apud Romanos ars nautica nondum late extensa erat, raroque trans Mediterraneum mare naves conducebantur; quinimo, leges erant quæ naucleris vetarent ne per anni quamdam partem mare adirent; attamen naucleris, ob nauticæ artis ignorantiam, expeditiones feliciter percipere, difficile erat; frequenterque tempestatibus magnis commota navis, naufragio peribat : inde civium metus, navigatoribus, nauticis rebus, pecuniam credendi, quæ, si mutuo vulgari data fuisset, quoquo modo expeditionis periculi non autem lucri, mutuatorem participem fecisset. Talis eventus, nautici fœnoris ope, impediebatur : fœneratori qui in sese expeditionis pericula susciperet, usuras maritimas, scilicet *nauticum fœnus*, debebat navigator, si res prospere evenirent; si vero male, nec nauticum fœnus nec pecuniam datam debebat : erga fœneratorem omnino liberabatur.

Romani non sæpissime hac appellatione *nautico fœnore* utebantur : pecunia trajectitia aut *pecunia maritima, nautica*, apud Prudentes invenitur; quod juri magis accommodatum nobis videtur; pecunia enim trajectitia illa est quæ trans mare vehitur; nauticum autem fœnus, quod fœneratori, *sed solummodo* post expeditionem, debetur, id est periculi pretium.

Debebatur nauticum fœnus non solum quum pecunia nauticis rebus daretur, sed etiam quum merces ex ea pecunia, comprobante creditore, emerentur : « Trajectitia pecunia ea est quæ trans mare vehitur... sed videndum an merces ex ea pecunia comparatæ in ea causa habeantur? Et interest, utrum etiam ipsæ periculo creditoris navigent : tunc enim trajectitia pecunia fit. » (Dig., *De naut. fœn.*)

CAPUT PRIMUM.

De nautici fœnoris natura.

In hac traditione pecuniæ nauticis rebus adhibendæ, nihil aliud quam *mutuum* videre possumus : in illa enim, omnia *mutuo* propria invenimus : res quæ accipientis fiant et quæ non *in specie* reddi debeant; ita ut liberetur accipiens quum reddit alias res ejusdem naturæ et qualitatis. Non est certe, ut aliqui dixerunt, quædam rerum *locatio-conductio :* pecunia enim trajectitia, accipienti, ad primo usu eam consumendam, traditur ; si *locatio rerum* esset, traditori res locatæ ab accipiente reddendæ essent.

Cæterum, si quis dubitationem de *nautici fœnoris* natura in animo habeat, fragmenta quæ inveniuntur in Digestis, *De nautico fœnore* accurate legat, aut constitutiones quas in Codice reperimur, et illi manifestum erit, Romanos semper ut *mutuum*, nauticum fœnus considerasse.

Sic enim incipit, L. 6., Dig., *De naut. fœn. :* « Fœnerator, pecuniam usuris maritimis *mutuam* dando..... » Sic et L. 122, § 1, Dig., *De verb. oblig. :* « Callimachus *mutuam pecuniam* nauticam accepit..... » Et in Codice, L. 4, *De naut. fœn :* « Trajectitiæ pecuniæ quæ periculo creditoris *mutuo* datur, casus..... »

Sed fatemur genus esse *mutui* quod solito *mutuo* paululum differat.

In *mutuo* enim proprie dicto, quum pereunt res, ad accipientem periculum spectat.

Quum autem mutua pecunia nauticis rebus datur, si pereat aut illa, aut ex illa merces quæ comparatæ sunt, tradenti, id est fœneratori, pereunt.

In *mutuo* non pactione sed stipulatione nascuntur usuræ : « Si pactum nudum de præstandis usuris interpositum sit, nullus est momenti. » (Paul. *Sent.*, L. II, t. 14.)

In pecunia nautica, « pactum sine stipulatione ad augendam obligationem prodest. »

Nascitur *mutuum* datione rerum quæ in mutuo traduntur.

Non sufficit hæc sola conditio in pecunia, nauticis rebus mutua data : substantia enim nautici fœnoris in eo consistit quod res traditæ, periculo maris jam expositæ sint.

CAPUT SECUNDUM.

De maritimis periculis.

Trajectitiæ pecuniæ aut mercium ex illa comparatarum casus ad fœneratorem spectat ; et hoc jure. Usura enim nautica quæ solitam usuram superat, periculi pretium est ; et si non sit periculum, non debetur usura : « Quum dicas te pecuniam ea lege dedisse ut in sacra urbe restitueretur, nec incertum periculum quod ex navigatione maris metui solet, ad te pertinuisse profitearis, non est dubium pecuniæ creditæ ultra licitum modum te usuras exigere non posse (Cod., *De naut. fœn.*, c. 2). » Et in Digest., L. 4, *De naut. fœn.:* « Nihil interêst trajectitia pecunia sine periculo creditoris accepta sit, an post diem præstitutum et conditionem impletam periculum esse creditoris desierit : utrubique igitur majus legitima usura fœnus non debebitur; sed in priore quidem specie semper, in altera vero discusso periculo.»

Per solum tempus conventione statutum periculum ad fœneratorem attinebat ; post diem præstitutum et conditionem impletam debitorem spectabat.

Plerumque ex ea die periculum creditoris erat, « ex qua navem navigare conveniat ; » sed non semper idem est tempus intra quod ad illum pertinet. Pecunia enim sæpe credebatur, aut solummodo in expeditionis itum, scilicet Beruto ad Brentesium ; aut in expeditionis reditum, scilicet quamdiu navis ad portum adpulerit ; aut in tempus statutum, scilicet, si salva navis intra statuta tempora pervenerit ; aut usque ad eventum conditionis, et in hoc casu, quum periculum esse creditoris desierit, ille majus legitima usura, ex discusso periculo, fœnus non exigere poterit.

Accurate conditiones a fœneratore statutas, observare navigator debebat. Si enim culpa ab illo admissa esset, tunc non ad fœneratorem, sed ad illum periculum spectabat : « Cum proponas te nauticum fœnus ea conditione dedisse ut post navigium quod in Africam dirigi debitor adseverabat, in Salonitanorum portum, nave delata, fœnebris pecunia tibi redderetur, ita ut navigii duntaxat quod in Africam destinabatur, periculum susciperes ; perque vitium debitoris, nec loco quidem navigii servato, illicitis comparatis mercibus quæ navis continebat, fiscum occupasse, amissorum mercium detrimentum quod non ex marinæ tempestatis discrimine, sed ex præcipiti avaritia et incivili audacia accidisse adseveratur, adscribi tibi juris publici ratio non permittit » (Dig., *De naut. fœn.*). In eo exemplo duplex culpa a parte navigatoris erat, scilicet navis viam mutasse, navique illicitas merces imposuisse.

Nunc a nobis explicandum est, Dig., Frag. 5, *De naut. fœn. :* « Periculi pretium est, et si conditione quamvis pœnali *non existente*, recepturus sis quod dederis et insuper aliquid præter pecuniam, si modo in *alea* specimen non cadat : veluti ea, ex quibus conditiones nasci solent, ut *si manumittas, si non illud facias, si non convaluero,* et cætera. Nec dubitabis si piscatori erogaturo in apparatum, plurimum pecuniæ dederim, ut si cepisset redderet; et athletæ unde se exhiberet exerceretque, ut si vicisset, redderet. » Hanc legem quidam auctores sine ulla correctione interpretantur; sunt vero inter quos Cujacium invenimus, qui illam dissimiliter interpretentur. In primis, hoc fragmento nobis traditur, pretio periculi suscepti locum esse « etsi conditione quamvis pœnali *non existente;* » a nobis legendum est, ait Cujacius : « quamvis conditione *non* pœnali existente, » ante verbum « *pœnali* » transposita negatione. Scævola enim dicere videtur : aliquid præter pecuniam pro periculi suscepti pretio percipi posse, quamvis conditio *non* adimpleretur : quod admitti non potest. Deinde mutationem facit his Scævolæ verbis : « si modo in aleæ specimen non cadat, » et sic legit « si modo in aliam speciem non cadat, » quod certe magis veritati proximum esse nobis videtur; nam nauticum fœnus sine *alea* non intelligitur; et tunc hunc sensum habent Scævolæ verba : « dummodo in speciem contractus, veluti *do ut des, facio ut facias,* non cadat. »

Alia dubitatio est circa verba : « veluti ea ex quibus *conditiones* nasci solent; » potius legendum est « condictiones, » scilicet *ob rem dati*. Conditio enim imponi, vel præponi, vel adscribi, vel dari, nunquam vero nasci dicitur.

Idem fragmentum nobis demonstrat non solum in nautico fœnore usuras pro periculi pretio deberi, sed etiam in omnibus contractibus in quibus periculum datæ pecuniæ ad creditorem spectat; scilicet, in exemplis piscatoris et athletæ, quæ in fragmento supra explicato nobis exponit Scævola ; namque uti in nautico fœnore periculum maris a fœneratore timendum est, ita in utrisque his casibus, aut pugnæ casus aut parum fructuosæ piscatus periculum a creditore metuendum est, et illi, ut fœneratori, usuræ pro periculi suscepti pretio deberi possunt.

CAPUT TERTIUM.

De nautico fœnore, et de usuris, quæ præter nauticum fœnus, fœneratori deberi possint.

§ I. — DE NAUTICO FŒNORE.

Usuram maritimam, scilicet nauticum fœnus, pretium periculum esse diximus. Ex nudo pacto nauticum fœnus debetur, ut ait Paulus : « In quibusdam contractibus usuræ debentur quemadmodum per stipulationem. » (Dig., L. 7.)

Hæc lex ad argentarios quoque attinet ; jus est enim ut pecuniæ ab argentariis creditæ usura, pacto sine stipulatione debeatur. Idem quoque pro pecunia vel reipublicæ vel civitatibus credita, et pro rebus creditis quæ pondere, numero mensurave constant, ut frumentum, aut oleum aut vinum.

Quis sit in nautico fœnore usuræ modus a nobis monstrandum est.

Ante Justiniani tempora, infinitas usuras ex trajectitia pecunia stipulari licet : « trajectitia pecunia, propter periculum creditoris, quamdiu navigat navis, infinitas usuras recipere potest. » (Paul. Sent., *De usur.*) Ex omnibus vero aliis contractibus, ultra *centesimam* nihil stipulari licet ; quinimo, « usuræ supra centesimam solutæ, sortem minuunt. » In nautico fœnore, infinitam usuram quamdam periculi justam compensationem esse censebant Prudentes, sed non ita Justiniano placuit.

Nam in Constitutione 26, § 1, in Codice inserta, « usque ad centesimam tantummodo stipulari licere » in trajectitis pecuniis dicit ; quod prioribus legibus omnibus contractibus permittebatur. Ex aliis autem pecuniis *centesimam* recipi non permittit ; a viris illustribus, nihil ultra *centesimæ* partem tertiam ; a negotiatoribus et argentariis nihil ultra bessem *centesimæ* ; et a cæteris hominibus nihil ultra *centesimæ* dimidiam partem percipi posse, denuntiat.

Sed quid erat centesima ?

Ab auctoribus creditur, centesimam usuram fuisse, quæ quotannis duodecim solidos, pro centenis, redderet ; scilicet, mensibus singulis unum pro centenis solidis ; et hoc nobis probandum videtur quum a veteribus auctoribus romanis docemur singulis mensibus usuras solvi ; et etiam ab illis scimus, usurarum numerum in libro *Calendarium* vocato, accurate inscribi.

Ut hanc legem de usuris sanciret Justinianus, hæc verba addidit : « Si quis aliquid contra modum hujus fecerit constitutionis, nullam penitus de superfluo habeat actionem. »

In Novella 106, Justinianus meliorem sententiam secutus, omnes pactiones circa usuras, nullo modo adhibito, servat. In hac Novella, maxime a nobis observandum est quo modo inter partes res se haberent.

Fœneratores decem solidos in centum datos percipiebant, et navi, in singulos solidos quos darent, unum tritici modium imponebant ita ut navigator nullum pretium pro invectu acciperet, sed ultra, mercedem publicis telonariis præberet; qua ratione, nauticum fœnus centesimam superabat. Erant qui hanc viam non sequerentur ; octavam partem cujusque solidi pro usura percipiebant; et quum solidum quatuor et viginti siliquas continebat, eo modo *centesima* paulo majorem usuram percipiebant. A nobis observandum est, ut hæc usura non temporis statuti, sed singulæ expeditionis pro ratione deberetur, sive aut plures annos aut nequidem per totum annum expeditio persecuta fuisset : « Octavam partem percipere pro singulis solidis nomine usurarum, *non tempus aliquod certum numerandum*, sed donec naves revertantur salvæ. »

Sed mox Novellam 106 abrogat Justinianus, et finem usurarum in Codice impositam restituit Novella 110.

Nauticum fœnus debebat navigator statim ut periculum cessaret, et propter hoc, videmus Romanos solitos fuisse navi servum imponere qui pecunam acciperet, quum illa pecunia non per totum navigationis tempus crederetur.

§ II. — De usuris quæ præter nauticum fœnus creditori deberi possent.

In Novella 106 nos docet Justinianus « triginta solum dierum inducias dari a creditoribus debitoribus...... donec vendi contingat onus, » id est merces, utque de pretio pecuniam fœneratori redderent. Si vero post hoc tempus debitor non solveret, tum mora quæ creditori damno esset; quapropter fœnerator ante expeditionem a navigatore *pœnam* pro mora stipulari solebat; stipulationem vero ad illas usuras pœnæ nomine a debitore susceptas, necessariam fuisse constat, quum in contractibus stricti juris, et hoc genere esse nauticum fœnus satis demonstratum, non tacite usuras pro mora nasci, sed stipulatione, scimus.

Mos erat, ut diximus, navi imponere servum qui pecuniam, periculo cessante, a debitore exigeret ; partesque in eo casu quo in solutione mora fieret, *pœnam* stipulari solitæ erant. Hoc enim creditori damno erat qui debitoris mora operis servi carebat ; itaque illa pœna et pecuniæ restituendæ usuram et servi operarum pretium repræsentabat, centesimam vero superare non debebat. Interposita stipulatione usurarum pro operis servi, altera stipulatione, quod deerat centesimæ suppleri licebat : « in stipulatione fœnoris post diem periculi separatim interposita, quod in ea legitimæ usuræ deerit, per alteram stipulationem operarum supplebitur. » (Dig., *De naut fœn.*)

Idem fragmentum nos secundam regulam docet : « Quod in singulos dies in stipulationem deductum est, ad finem centesimæ non ultra *duplum* debetur. » A jurisconsultis enim admittebatur, usuras non deberi ex eo die quo sortis duplum attingerent. Pœnam non poterat petere creditor, si per illum stetisset quominus, die præstituta, pecuniam acciperet.

Inter Sabinianos et Proculianos disputabatur num interpellatione opus esset a parte creditoris, ut pœna exigi posset. In Digestis, *De nautico fœnore*, hoc fragmentum invenimus : « Labeo ait : si nemo sit qui a parte promissoris interpellari trajectitiæ pecuniæ possit, idipsum testatione complecti debere ut pro petitione id cederet. » Quod significat, nunquam pœnam deberi nisi debitor a fœneratore interpelletur ; quum vero abest debitor, pro interpellatione testatio habetur, sed in omnibus casibus interpellatione opus est. Fatemur quidem eumdem Labeonem infra dicere, « pœnam committi posse quamvis qui eam deberet sine herede mortuus esset, » sed non pugnant inter se hæ duæ sententiæ ; manifestum est enim in utroque casu testatione complecti debere fœneratorem.

A Labeone dissentit Africanus ; censet enim pœnam deberi « etiamsi debitor omnino interpellatus non esset. » (Dig., *De oblig. et act.*). Africani sententiam secutus est Justinianus : « Sciat minime se posse debitor ad certandam pœnam adjicere, quod nullus eum admonuit. » (Cod., *De cont. et com. stip.*)

CAPUT QUARTUM.

Quæ cautiones ad repræsentationem pecuniæ datæ fœneratori erant.

Navigatoris erga fœneratorem obligatio fidejussoribus corroborari poterat, utque in omnibus contractibus, sic in nautico fœnore a debitore pignus dari licebat.

Plerumque fœneratori hypothecam in mercibus navi impositis, navigator concedebat; qua hypotheca, quum pecunia ad itum et reditum navis mutuo data esset, navigatorem non impediebat, quin merces, navis adventu loco præstituto, venderet; sed jus erat ut merces, redeunte mari impositæ, mercibus prioribus quas vendiderat navigator subrogarentur, et hypotheca, ut priores merces, gravarentur.

Aliquando non solas merces navi debitoris impositas, sed etiam « alias merces aliis navibus impositas, propriisque fœneratoribus obligatas, si quid superfuisset, » fœnerator pignori accipiebat; sed in eo casu, si navis intra præstitutas dies naufragium faceret, fœnerator ad persecutionem pignorum non solum quæ in navi debitoris. sed etiam in aliis navibus erant, non admittebatur. Creditoris enim jus de illis pignoribus, post illam conditionem impletam : *si navis non pereat,* solummodo nascitur ; conditione vero non impleta, cadit jus. Eam regulam nobis in Dig., *De naut. fœn.,* frag. 6, Paulus exponit.

Non solum sortis, sed etiam nautici fœnoris et usurarum pro mora de solutione, hypotheca aut pignore caveri credimus. Legimus enim in frag. 18, Dig. (*qui pot. in pig. vel hyp.*) : « Lucius Titius pecuniam mutuam dedit sub usuris, acceptis pignoribus, eidemque debitori Mævius sub iisdem pignoribus pecuniam dedit : quæro an Titius non tantum sortis, sed earum usurarum nomine quæ accesserunt, antequam Mævius crederet, sed etiam earum, quæ postea accesserunt potior esset? Respondit Lucium Titium in omne quod ei debetur, potiorem esse. » Quæ regula, ut censemus, ad pecuniam trajectitiam spectat.

Fœnerator cui hypotheca in merces navi impositas concessa erat, in omnes alios navigatoris creditores qui non haberent hypothecam præstabat, et ante eos suam pecuniam, de pretio venditarum mercium recipiebat.

Si vero, præter fœneratorem, navigatoris creditores essent qui hypothecam in eas merces haberent, tum regula : *Prior tempore potior jure*, cujusque jura componebantur.

Sed quando posterior creditor priori potior erat, et hæc exceptio fœneratori in quibusdam casibus favere poterat. Creditor enim cujus pecunia omnium creditorum pignus salvum fecerat, quamvis illis posterior tempore esset, illis tamen anteponebatur; ut ait Ulpianus : « Interdum posterior potior est priori ; ut puta si in rem istam conservandam impensum est, quod sequens (creditor) credidit : veluti si navis fuit obligata, et ad armandam eam vel reficiendam ego credidero. » Quum hypothecam non concederet navigator, attamen in eo casu fœnerator in omnes navigatoris creditores, scilicet etiam qui hypothecam haberent, privilegium habebat, si pecuniam ab illo creditam navigator in emptione navis, aut in nautico apparatu, aut etiam in armatu consumpsisset : « Quod quis navis fabricandæ, vel emendæ, vel armandæ, vel instruendæ causa, vel quoquo modo crediderit, vel ob navem venditam petat, habet privilegium post fiscum » (Dig., *De reb. auct. Jud.*). Sed illo privilegio fœnerator solis navigatoris creditoribus qui non haberent hypothecam, anteponebatur.

CAPUT QUINTUM.

Quæ actiones e nautico fœnore nascuntur.

Quum consideramus quæ sit nautici fœnoris natura, satis constat solummodo *condictione*, sortem et usuras peti posse ; namque, ut diximus, nauticum fœnus nihil aliud quam mutuum est : quapropter, in nautico fœnore, ut in mutuo, debitor, ad solvendum pretium, *condictione* teneri debet.

Illa *condictio*, in eo quod ad sortem attinet semper erit *certi;* pecunia enim nauticis rebus data semper *certa* est ; sed in eo quod ad usuras spectat, *certi* erit condictio, si usuras *certas* stipulatus erit fœnerator ; *incerti* autem, si usurarum summam ante navigationem non statuerit.

Idem de usuris pro mora debitis ; quas quum necessarie ex stipulatione nascuntur, *ex stipulatu actione*, id est condictione petebit fœnerator.

Auctores vero qui *nauticum fœnus* non *mutuum* esse, sed contractum quemdam sine nomine, veluti·*do* ut *des*, censent, navigatorem non *condictione*, sed *actione præscriptis verbis* teneri, affirmant.

Interdum, *actio de eo quod certo loco* fœneratori competebat ; scilicet, quum pecuniam certo loco illi solvendam esse stipulatus esset ; et, in eo casu, solummodo ante forum *certi loci* debitorem persequi licebat. Sed accidere poterat ut navigator ad eum locum in quo pecuniam reddere deberet, consulto non accederet, et ideo ad suum pervenire impediebatur fœnerator ; hoc vero iniquum erat, et a prætore permittebatur ut vel ante forum rei, aut forum contractus, in jus navigatorem vocaret : prætor, formula data judicem monebat locum certum fuisse in quo obligationem adimplere debuisset navigator, et jubebat, ut in judicio hujus rei rationem haberet, et usuras, pro loci mutatione, fœneratori concederet.

Quum pecunia non navis *exercitori*, sed *magistro* crederetur, tum fœnerator *actionem exercitoriam* habebat qua adversus exercitorem navis agere poterat ; eaque sola dabatur, quoties filiusfamilias aut servus ab exercitore navigio præpositus esset ; quum autem vir ab omni potestate liber navi præesset, tum fœneratori electio erat utrum exercitorem, *actionis exercitoriæ* ope, aut navis magistrum, *condictione*, persequeretur.

DROIT FRANÇAIS.

Du contrat de prêt à la grosse.

(Art. 311-332, Cod. comm.)

NOTIONS PRÉLIMINAIRES.

Le prêt à la grosse est un contrat par lequel l'un des contractants prête à l'autre un capital sur des objets exposés à des risques maritimes, à condition que s'ils périssent ou sont détériorés par les accidents de la navigation, celui qui a prêté le capital ne pourra le répéter, si ce n'est jusqu'à concurrence de ce que ces objets se trouveront valoir, et que s'ils arrivent heureusement, celui qui a reçu la somme sera tenu de la rendre à celui qui l'a prêtée, avec un certain profit convenu appelé *profit maritime*. Valin nous donne l'étymologie de ces mots « à grosse aventure. » « C'est parce que, dit-il, le prêteur courant risque de perdre la somme, il la met effectivement à l'aventure. » Le prêt à la grosse est quelquefois désigné sous le nom de contrat à *retour de voyage ;* le plus souvent, en effet, la somme prêtée et le profit maritime ne sont remboursés qu'au retour du navire.

Celui qui prête l'argent se nomme *donneur,* celui qui le reçoit *preneur.* Ainsi que nous l'avons dit en étudiant en droit romain le *nauticum fœnus,* le contrat à la grosse fut usité dès la plus haute antiquité, et c'est même à raison de cette origine si ancienne qu'on est dans l'impossibilité d'établir à quelle époque précise elle remonte. Quoi qu'il en soit, il est évident que tous les peuples anciens chez qui le commerce maritime était en usage ont dû y avoir recours ; il y avait là, en effet, un élément énergique propre à développer et à faciliter en même temps les opérations maritimes, et les législateurs durent encourager cet élément de prospérité publique en faisant à ceux qui useraient de ce moyen une situation exceptionnellement avantageuse, qu'ils n'eussent point trouvée dans un simple prêt d'argent. Et en effet, outre la crainte assurément fort légitime d'exposer ses capitaux à tous les périls de la mer et à tous les hasards d'une navigation qui n'était point alors régie par ces règles si précises et si admirables qui permettent actuellement au marin de se diriger sur la mer presque avec la même facilité que sur terre; outre cette crainte, disons-nous, le prêteur avait à redouter cette situation véritablement fâcheuse de se voir exposé souvent à l'insolvabilité du navigateur en cas de naufrage de celui-ci, sans pour cela pouvoir espérer une part quelconque dans les bénéfices, en cas d'heureuse navigation ; associé pour le péril, il ne l'était plus pour le profit.

Or, au moyen du prêt à grosse aventure, cette situation se modifiait complétement, et non pas seulement dans l'intérêt du prêteur, mais aussi dans celui de l'emprunteur. Et d'abord, la certitude d'être absolument libéré en cas de naufrage et de n'avoir plus à craindre les poursuites d'un créancier souvent implacable, encourageait le navigateur à recourir plus souvent à ce mode d'emprunt qui, lui permettant d'étendre ses opérations maritimes, de multiplier ses spéculations, était par cela même un élément de richesse pour son pays. Quant au prêteur, sa situation n'était pas moins avantageuse ; il est vrai qu'en cas de naufrage de son débiteur, il n'avait droit de lui réclamer que les objets affectés à l'emprunt, et encore dans l'état où ils se trouvaient alors, car les risques de l'expédition, il les assumait sur lui; mais aussi, en cas d'heureuse traversée, il pouvait compter sur un gain presque illimité : c'était là, on le voit, une sérieuse compensation aux dangers dont il acceptait la responsabilité ; aussi fallait-il que ces dangers eussent existé pour permettre au prêteur de réaliser ces gros bénéfices qui n'étaient considérés que comme la récompense du péril encouru, *periculi pretium*.

La plus entière liberté était laissée aux parties pour stipuler le *quantum* du profit maritime, qui pouvait être aussi élevé qu'ils le jugeaient convenable. Valin nous donne un aperçu du cours ordinaire de l'intérêt maritime dans son temps : c'était, en temps de paix, 15 ou 20 0/0 pour les voyages au long cours, en destination de l'Amérique ; 25, 30 et même 35 0/0 pour les voyages à la côte de Guinée ; en temps de guerre, c'était le double. Mais c'était là un simple usage, qui ne restreignait en rien la faculté laissée aux parties de stipuler un profit maritime aussi élevé qu'ils le jugeaient bon.

Quoiqu'encore assez fréquent de nos jours, ce contrat a perdu une grande partie de l'utilité qu'il avait à l'origine, soit chez les Grecs, soit à Rome, où les assurances maritimes étaient inconnues. Nous verrons, en effet, en étudiant les ressemblances et les différences qui existent entre le prêt à la grosse et les assurances maritimes, combien plus ce dernier contrat est avantageux aux parties.

Une loi toute récente est encore venue amoindrir l'utilité actuelle du contrat à la grosse ; nous voulons parler de la loi du 10 décembre 1874, qui permet d'hypothéquer les navires. Depuis longtemps, en effet, les négociants se plaignaient de ce qu'ils n'eussent pas la faculté de concéder ou de prendre des hypothèques sur les navires, ainsi que cela se pratique depuis longtemps déjà en Angleterre, trouvant qu'il y avait là un élément de crédit public et un moyen qui permît de recourir moins souvent au prêt à la grosse, lequel, malgré ses incontestables avantages, peut cependant devenir fort onéreux pour ceux qui y ont habituellement recours. Nous aurons plusieurs fois occasion, dans le courant de ce travail, de revenir sur cette loi qui a apporté des modifications importantes à quelques-uns des articles qui régissent notre matière.

Avant d'entrer dans l'examen approfondi des caractères distinctifs du contrat à la grosse, il importe, croyons-nous, de passer en revue les différents contrats avec lesquels il présente une certaine analogie. Prenons d'abord le contrat de société, et supposons une société ayant pour objet l'armement d'un navire, la navigation à profit commun, ou le partage des bénéfices résultant de la vente d'une cargaison. Nous trouverons bien entre ce contrat et celui de prêt à la grosse les ressemblances suivantes : une somme d'argent donnée en vue d'une expédition maritime ; deux ou plusieurs personnes pour se partager les bénéfices de l'expédition ; mais là s'arrêtent les points de contact qui peuvent exister entre ces deux opérations, et, d'autre part, les différences qui les séparent sont si parfaitement tranchées, qu'elles permettent de les distinguer l'un de l'autre. Dans une société, en effet, de quelque nature qu'elle soit, la situation d'un associé vis-à-vis de son co-associé est loin d'être toujours la même ; très-souvent il y a inégalité entre eux, soit dans l'apport, soit dans la répartition des bénéfices, soit enfin dans la contribution aux pertes. Or, rien de semblable n'existe dans le prêt à la grosse ; la somme fournie par le prêteur devant toujours être proportionnée aux objets sur lesquels l'emprunteur a contracté son obligation, et ce qui suffirait seul à distinguer le contrat à la grosse d'un contrat de société, c'est qu'il ne peut intervenir de convention d'aucune sorte entre les parties, sur la manière dont les pertes devront être supportées par elles ; la loi, en effet, s'interposant ici entre les transactions qui pourraient se faire entre les contractants, déclare que le risque maritime est tout entier à la charge du prêteur ; c'est même là, comme nous le dirons tout à l'heure, la condition *sine qua non* du prêt à la grosse aventure. Passons maintenant en revue les différentes sortes de prêt, et voyons ce qu'ils peuvent avoir de commun avec le contrat à la grosse.

Dans le contrat de *mutuum*, comme dans le prêt à grosse aventure, l'emprunteur reçoit des objets qui ne doivent point être considérés comme *corps certains* ; d'où il suit que l'emprunteur n'est pas forcé de les rendre *in specie* ; son obligation consiste à rendre au prêteur des objets de même nature, qualité et quantité. Comme le prêt à la grosse, le *mutuum* est un contrat à titre onéreux.

Comme différences entre les deux contrats, nous trouvons les suivantes : le *mutuum* est un contrat commutatif, le prêt à la grosse est aléatoire. Dans le *mutuum*, l'emprunteur est tenu, dans tous les cas, de restituer les choses prêtées ; dans le prêt à la grosse, l'emprunteur n'est tenu de restituer qu'autant qu'il n'y a pas eu sinistre. Dans le *mutuum*, le prêteur n'a point de priviléges sur les objets prêtés ; ce privilége existe, au contraire, dans le prêt à la grosse, au profit du prêteur.

Dans le prêt à intérêt comme dans le prêt à la grosse, les objets prêtés portent profit ; mais dans le premier contrat, le profit est forcément limité au taux légal de l'intérêt, 5 0/0 en matière civile, 6 0/0 en matière commerciale ; cette limitation n'existe pas en matière de contrat à la grosse.

Le seul contrat qui ait avec le prêt à la grosse une similitude vraiment frappante, c'est le contrat d'assurances maritimes ; comme l'emprunteur, par le contrat à la grosse, l'assuré, par le contrat d'assurances maritimes, est mis à couvert du risque de mer qui, dans l'un et l'autre contrat, est à la charge de l'assureur et du prêteur ; dans l'un comme dans l'autre contrat, l'assureur et le preneur perçoivent, à titre de dédommagement des risques dont ils assument sur eux la responsabilité, un intérêt qui, pour l'assureur, prend le nom de *prime* ; pour le prêteur, celui de profit maritime. Enfin, dernier point de ressemblance, ces deux contrats ne peuvent devenir, pas plus pour l'emprunteur que pour l'assuré, une occasion de s'enrichir ; ce ne peut être, pour l'un comme pour l'autre, qu'un moyen de se décharger des cas fortuits de mer : en un mot, de ne rien perdre. Toutefois, ici encore, d'importantes différences entre ces deux contrats méritent d'être signalées ; en réalité, le contrat d'assurances maritimes n'étant qu'une sorte de cautionnement, il s'ensuit que l'assureur pourra prendre à sa charge tels ou tels risques en particulier et laisser les autres à la charge de l'assuré. Par exemple, il pourra parfaitement déclarer qu'il ne se chargera pas des pertes provenant d'incendie, de pillage; mais qu'il répondra de toutes autres fortunes de mer, telles que tempêtes, naufrage, échouement, abordage fortuit, etc., etc.

De semblables clauses ne pourraient être intercalées dans un contrat de prêt à la grosse, car il est de l'essence de ce contrat que le prêteur assume sur lui la responsabilité de tous les cas fortuits maritimes.

Autre différence. Dans le contrat d'assurance, l'assureur n'a rien à fournir, tant que le sinistre dont il répond n'a pas eu lieu; son rôle, fort agréable, du reste, s'il se bornait toujours là, consiste simplement à recevoir de l'assuré le montant des primes.

Dans le contrat à la grosse, au contraire, le prêteur doit *commencer* par fournir à l'emprunteur la somme fixée, et ce n'est que dans le cas d'heureuse arrivée des choses affectées au prêt qu'il peut réclamer le capital prêté et le profit maritime. Mentionnons également qu'en cas de sinistre, le prêteur a sur les objets sauvés du naufrage un privilége, à l'exclusion de l'emprunteur; dans l'assurance maritime, au contraire, l'assuré vient en concours avec son propre assureur.

CHAPITRE I.

Caractère du contrat à la grosse et conditions requises pour sa validité.

Examiné en tant que *contrat*, le prêt à la grosse nous présente les caractères suivants :

Il est : 1° réel; il ne se forme, en effet, que par la tradition de la chose qui en fait l'objet; si donc la numération des espèces n'a pas lieu, il y a simple convention de prêt, mais il n'y a pas prêt;

2° Unilatéral ; une fois la numération des espèces effectuée par le prêteur, l'emprunteur seul a des obligations. De ce que le contrat à la grosse est un contrat unilatéral, il résulte que l'écrit qui le prouve n'a besoin d'être fait qu'en un seul original ;

3° A titre onéreux ; car il a lieu dans l'intérêt du prêteur, aussi bien que dans celui de l'emprunteur ;

4° Aléatoire ; car au moment du contrat, aucune des parties contractantes ne peut dire de quel côté sera le gain ou la perte ;

5° Du droit des gens ; il peut, en effet, intervenir entre gens de toutes les nations.

Six conditions essentielles doivent se trouver réunies pour la validité du contrat à la grosse : le consentement des parties, la capacité des parties, une somme d'argent prêtée, une ou plusieurs choses qui soient affectées au prêt, des risques auxquels ces choses soient exposées et dont l'emprunteur devra assumer sur lui la responsabilité, une somme convenue comme *prix du péril* et appelée profit maritime.

1° Consentement des parties.

Nous n'avons point à nous arrêter sur cette première condition, qui est de l'essence de tous les contrats ; disons seulement que ce consentement doit porter sur toutes les choses essentielles au contrat : sur la somme prêtée, sur les objets affectés au prêt, sur le profit maritime. Si le navire appartenait, par indivis, à plusieurs personnes, en cas de dissentiment, on devrait suivre la loi de la majorité, en intérêts et en sommes (art. 220).

2° Capacité des parties.

L'art. 633 du Code de commerce range au nombre des actes de commerce tout emprunt ou prêt à grosse aventure ; certains auteurs en concluent que les parties doivent être capables de s'obliger commercialement.

En thèse générale, on peut dire que le droit d'emprunter à la grosse n'appartient qu'à celui qui est propriétaire de la chose, car la convention de prêt produit une affectation réelle de cette chose à la sûreté du prêteur. Toutefois, ce principe n'est pas si absolu qu'il ne comporte quelques exceptions. C'est ainsi que le capitaine peut en cours du voyage, et en obtenant certaines autorisations, emprunter à la grosse s'il y a nécessité de radouber le navire ou d'acheter des victuailles ; mais dans ce cas, il est tenu de faire constater l'urgence par un procès-verbal signé des principaux de l'équipage. L'art. 234, qui nous pose cette règle, détermine aussi à quelle autorité devra s'adresser le capitaine pour régulariser son emprunt à la grosse ; si le navire se trouve en France, ce sera au tribunal de commerce, ou à défaut, au juge de paix ; s'il se trouve à l'étranger, ce sera au magistrat du lieu ; l'intérêt et les besoins de la navigation ont porté le législateur à introduire cette exception au principe que celui-là seul qui est propriétaire d'une chose peut emprunter à la grosse sur cette chose.

L'art. 321 nous dit que le capitaine ne peut emprunter à la grosse dans le lieu de la demeure des propriétaires, sans leur autorisation authentique ou leur intervention dans l'acte, et le même article ajoute qu'en cas de violation de cette prohibition, celui qui prêterait n'aurait l'action et le privilége dont nous parlerons plus loin que sur la portion que le capitaine peut avoir dans le navire et le fret. Toutefois, l'art. 233 décidait que si le bâtiment était frété du consentement des propriétaires et que quelques-uns d'entre eux fissent refus de contribuer aux frais nécessaires pour l'expédier, le capitaine pouvait, en ce cas, et cela même dans le lieu de demeure des propriétaires, vingt-quatre heures après sommation faite aux refusants de fournir leur contingent, emprunter à la grosse pour leur compte sur leur portion d'intérêt dans le navire, avec autorisation du juge. Mais la loi du 10 décembre 1874, qui rend les navires susceptibles d'hypothèque, a modifié cette disposition de l'article précité de la manière suivante, par l'art. 28, ainsi conçu : « Si le bâtiment est frété du consentement des propriétaires et que quelques-uns fassent refus de contribuer aux frais nécessaires pour l'expédition, le capitaine peut en ce cas, vingt-quatre heures après sommation faite aux refusants de fournir leur contingent, emprunter hypothécairement pour leur compte, sur leur part dans le navire, avec autorisation du juge. » Nous dirons, en parlant du privilége du prêteur, comment on a été amené à introduire ce changement dans l'art. 233. Si maintenant le capitaine avait contracté un emprunt à la grosse pendant le cours d'un voyage, sans avoir accompli les formalités prescrites par l'art. 234, qu'en résulterait-il ? Devrait-on dire que l'emprunt aurait été contracté en son propre nom et décider qu'il se serait obligé personnellement ? Un arrêt de la Cour de cassation du 28 novembre 1821 a décidé qu'en ce cas, l'emprunt serait obligatoire même pour le propriétaire du navire, les formalités prescrites par l'art. 234 n'yant pour objet que de couvrir à l'égard de l'armateur la responsabilité du capitaine. Mais bien évidemment, dans ce cas, l'armateur aurait son recours contre le capitaine. Nous trouvons là une application de l'art. 216.

3° Un capital prêté.

C'est là ce qui forme pour ainsi dire le contrat. Mais quelles sont les choses qui peuvent être prêtées ? Généralement on ne prête à la grosse que des sommes d'argent; toutefois, rien n'empêche de prêter des choses fongibles autres que de l'argent. M. Bravard enseigne que dans ce cas, le prêt ainsi constitué ne serait valable qu'autant que la valeur des choses fongibles prêtées à la grosse serait restituée en argent au prêteur.

4° Des objets qui sont affectés à la garantie du prêt.

Il est de toute nécessité que l'emprunteur affecte au prêt par lui contracté une ou plusieurs choses qui puissent répondre du paiement. Tout ce qui étant susceptible de devenir l'objet d'une transaction commerciale se trouve exposé, en tout ou en partie, à des risques maritimes, peut être affecté au prêt à la grosse. L'art. 315 nous dit que « les emprunts à la grosse peuvent être affectés sur le corps et quille du navire; et en effet, les navires se trouvent au premier rang des choses sur lesquelles il est permis d'emprunter ; — sur les agrès et apparaux, et par ces mots il faut entendre les mâts, les voiles, les cordages, les vergues, les poulies, etc. ; — sur l'armement et les victuailles, ce qui comprend les canons et autres armes, les vivres destinés à la nourriture des gens de l'équipage et des passagers, les munitions de guerre et, en outre, toutes les avances faites à l'équipage et tous les frais faits jusqu'au départ ; — sur le chargement, ce qui comprend toutes les marchandises composant la cargaison du navire. » Dans ce dernier cas, le prêt est dit *prêt sur facultés*, le mot *facultés* désignant la cargaison du navire. Enfin, on peut emprunter sur la totalité de ces objets conjointement ou sur une partie déterminée de chacun d'eux.

Émérigon posait en thèse générale que « tout ce qui pouvait faire l'objet de l'assurance pouvait également faire celui du prêt à la grosse, pourvu que le risque maritime et l'aliment de ce risque fussent réels de part et d'autre. » Le Code a consacré la même doctrine. La destination des sommes prêtées résultera de la nature du prêt, et cette nature ressortira des termes du contrat. C'est ainsi que l'argent donné sur le corps et quille du navire doit s'entendre en ce sens « que cet argent doit être employé au paiement des frais de radoub, ce qui comprend les bois et autres choses qui y servent, les journées de charpentiers, calfats et autres ouvriers. » (Valin.) On ne peut emprunter à la grosse que sur les choses dont on dispose *actuellement*. Ainsi, un marchand ne pourrait pas emprunter sur le profit qu'il espère retirer de la vente de ses marchandises ; de même un armateur sur le fret à faire (art. 318). Comme conséquence du même principe, nul prêt à la grosse ne peut être fait aux matelots ou gens de mer sur leurs loyers ou voyages (art. 319), car en définitif les matelots emprunteraient sur des choses dont ils ne disposeraient pas actuellement, ce qui violerait notre règle.

En outre, un inconvénient plus grave pourrait en résulter ; le matelot qui aurait emprunté à la grosse sur la totalité de son loyer ne serait plus attaché au sort du navire et n'aurait plus aucun intérêt à son salut. L'art. 258 du Code de comm. décide, en effet, qu'en cas de prise ou de naufrage, avec perte entière du navire et des marchandises, les matelots ne peuvent prétendre au paiement d'aucun loyer : par conséquent, le désir de toucher leurs salaires les fera lutter énergiquement contre les périls qui pourraient menacer le navire. Leur permettre d'escompter pour ainsi dire à l'avance ces salaires, en les affectant à un prêt à la grosse, c'eût été vouloir leur enlever tout intérêt à la conservation et au salut du navire, et provoquer en quelque sorte leur désertion en face du danger.

On devrait également annuler tout emprunt à la grosse fait pour une somme excédant la valeur des objets sur lesquels il est affecté (art. 316). Mais dans ce cas, il faudrait faire la distinction suivante : s'il y avait fraude de la part de l'emprunteur, si en souscrivant l'emprunt il savait que les choses qu'il affectait étaient d'une valeur inférieure à la somme empruntée, il y aurait dans ce cas une nullité complète que pourrait faire valoir le prêteur. Nous disons *pourrait*, car ce ne serait là, en effet, pour lui qu'une simple faculté, et non pas une obligation ; si au contraire, en souscrivant l'emprunt, le capitaine était de bonne foi, c'est-à-dire si véritablement il n'avait l'intention que d'emprunter sur la valeur des objets affectés au prêt, et non pas au-delà de cette valeur, le prêt existerait, mais seulement « jusqu'à concurrence de la valeur des effets affectés à l'emprunt d'après l'estimation des objets qui en serait faite ou convenue. » Et, ajoute l'art. 317, « le surplus de la somme empruntée serait remboursé avec intérêt au cours de la place. » Que faut-il entendre par ces derniers mots de l'article « au cours de la place ? » Il n'est pas douteux qu'actuellement on ne dût entendre par ces mots que l'intérêt légal 6 0/0 en matière commerciale, l'intérêt dépassant ce taux étant prohibé par la loi du 3 septembre 1807, en matière de prêt d'argent.

4° Des risques.

Il est de l'essence du contrat à la grosse qu'il y ait des risques encourus par le prêteur et que ces risques soient sérieux ; ce n'est, en effet, que dans la certitude de ce risque que se trouve en quelque sorte l'excuse de l'éléva tion du profit maritime. Cette idée a été empruntée par le Code à la législation romaine, et elle est passée dans notre droit avec toute sa rigueur ; aussi les tribunaux ont-ils consacré ce principe toutes les fois qu'ils en ont eu l'occasion. Mais ces risques, quels seront-ils ? ce sera tous ceux qu'on est convenu de désigner sous le nom de risques maritimes, tels que naufrage, incendie, pillage, échouement, abordage forcé, par l'effet desquels les objets affectés à l'emprunt peuvent se perdre ou se détériorer, et ceux-là seuls ; en effet, les risques de terre ne sont point à la charge du prêteur. D'où il suit que si des marchandises une fois déchargées à terre sont pillées ou incendiées, le prêteur n'en répond pas. L'art. 326 nous dit aussi qu'il ne répond pas non plus des déchets ou diminutions provenant du vice propre de la chose ; par exemple, si du vin s'aigrit ou coule, si des soieries se piquent, etc. Enfin le prêteur ne répond pas des dommages résultant du fait de l'emprunteur, ou de sa fraude, ou de sa négligence, ou de sa contravention aux lois ; par conséquent, point de responsabilité du côté du prêteur, si les marchandises affectées à l'emprunt sont confisquées pour cause de contrebande, ou si le capitaine laisse exposés sur le pont du navire des objets sujets à détérioration au contact de l'air.

Quant au temps à partir duquel les risques sont à la charge du prêteur, on suit en cela la convention des parties. Dans le cas où il n'y aurait point eu convention à ce sujet, l'art. 328 devrait être appliqué ; ainsi, à l'égard du navire, des agrès, apparaux, armement et victuailles, les risques courraient du jour où le navire a commencé à faire voile jusqu'au jour où il est ancré ou amarré au port ou au lieu de sa destination ; à l'égard des marchandises, du jour où elles sont chargées dans le navire ou dans les gabarres qui doivent les y transporter, jusqu'au jour où elles sont délivrées à terre. Les parties ont encore pleine liberté pour fixer la durée des risques ; elles peuvent donc convenir que les risques ne seront à la charge du prêteur que pour un voyage en particulier, et non pour tous les voyages, ou pour l'aller seulement, ou pour le retour. On déduira la volonté des parties sur ce point, par le temps pour lequel le prêt a été fait ; si donc une somme d'argent est prêtée pour un voyage seulement, le prêteur ne répondra que des risques de ce voyage. Sauf convention contraire des parties, le voyage comprend l'aller et le retour ; c'est même pour cela que le contrat à la grosse est désigné quelquefois sous le nom de *contrat à retour de voyage.*

Emérigon fait remarquer avec raison que la relâche volontaire ou forcée dans un port de la route n'interrompt pas le temps limité, lorsque le prêt à la grosse a été fait pour un certain temps avec désignation du voyage, car, même pendant la relâche, le navire reste exposé aux fortunes de la mer. Si le voyage se prolongeait au-delà du terme fixé, à partir de ce moment les risques ne regarderaient plus le prêteur. Comme conséquence immédiate de la cessation des risques, la somme prêtée deviendrait exigible pour le prêteur, qui dès cet instant pourrait en demander la restitution, ainsi que le paiement du profit maritime; mais bien entendu, à partir de ce moment aussi, le profit maritime cesserait d'être dû au prêteur, les risques cessant d'être à sa charge.

Enfin le prêteur ne supporte pas la perte des marchandises, même par fortune de mer, si elles ont été chargées sur un navire autre que celui qui était désigné au contrat, à moins toutefois, ajoute l'art. 324, qu'il ne soit légalement constaté que ce chargement a eu lieu par force majeure.

6° Un profit maritime.

Nous savons qu'en droit romain, le *nauticum fœnus* était considéré comme étant la juste compensation, ou plutôt la *récompense* du péril encouru par le prêteur ; aussi l'appelait-on *periculi pretium*. Cette idée prédomine encore dans notre droit français, où règne la liberté la plus illimitée dans la stipulation de l'intérêt maritime : le péril de mer n'a pas de bornes, l'intérêt maritime n'en doit point avoir. Au commencement de ce travail, nous exposions les usages qui avaient cours du temps de Valin pour la fixation du cours de l'intérêt ; mais il est évident que ce n'était là que de simples coutumes qui ne pouvaient prévaloir contre la volonté des parties clairement manifestée ; autrefois, comme aujourd'hui, la faculté de stipuler un profit maritime aussi élevé qu'elles le jugeaient bon leur était accordée dans toute sa plénitude. Et on ne pouvait point dire que c'était là de l'usure, le caractère aléatoire du contrat le mettant à l'abri de ce reproche : « L'usure que les lois défendent, disait Pothier, consiste à exiger quelque chose au-delà de la somme prêtée pour la récompense du prêt ; dans le contrat à la grosse, ce que l'emprunteur doit pour la somme prêtée n'est point la récompense du prêt, c'est le prix des risques dont le prêteur s'est chargé. »

Le profit maritime peut consister soit en une somme fixe pour toute la durée de l'expédition, soit en une somme proportionnée à la durée des risques.

CHAPITRE II.

De l'acte qui doit relater le prêt à la grosse et des mentions qui doivent s'y trouver.

Art. 311 : « Le contrat à la grosse est fait par devant notaire ou sous signature privée. Il énonce le capital prêté et la somme convenue pour le profit maritime, — les objets sur lesquels le prêt est affecté, — les noms du navire et du capitaine, — ceux du prêteur et de l'emprunteur, — si le prêt a lieu pour un voyage, — pour quel voyage ou pour quel temps, — l'époque du remboursement. »

Des termes mêmes de cet article : « Le contrat à la grosse est fait devant notaire ou sous signature privée..... » naît la question de savoir si l'écrit est essentiel au contrat ou s'il n'est exigé que pour la preuve. Valin s'expliquant sur les termes de l'art. 1 de l'ordonnance de 1681, ainsi conçu : « Les contrats à grosse aventure pourront être faits par devant notaires ou sous signature privée, » croyait qu'on devait appliquer le droit commun de l'époque, c'est-à-dire recevoir la preuve par témoins, jusqu'à concurrence de cent livres, car autrement ce serait, disait-il, « ajouter au texte, qui ne dit pas que ces sortes de prêts ne pourront être faits que par écrit. » En est-il encore de même aujourd'hui, et, à défaut d'écrit, pourrait-on prouver par témoins le prêt qui aurait été fait verbalement? Remarquons que les termes de l'art. 311 sont plus impératifs que ceux de l'ordonnance de 1681 : « Le contrat à la grosse *est fait* devant notaire ou sous seing privé, » nous dit le Code de commerce; « les contrats à la grosse pourront être faits par devant notaire ou sous signature privée, » disait l'ordonnance de 1681. Si donc les rédacteurs du Code de commerce ont modifié, dans la rédaction de l'art. 311, les termes de l'art. 1 de l'ordonnance de 1681, et ce, pour les rendre plus impératifs, il nous paraît difficile d'admettre qu'ils ne l'aient point fait à dessein, pour substituer à une simple alternative laissée aux parties une règle unique dont ils ne dussent pas s'écarter à l'avenir. Aussi, nous ne croyons pas que la preuve testimoniale dût être admise en notre matière ; vis-à-vis des tiers, en effet, le contrat à la grosse serait de nul effet, si l'on pouvait suppléer par la preuve testimoniale au défaut de preuve écrite ; car comment avertir les tiers du privilége qu'a le prêteur sur les objets affectés à l'emprunt, alors que ce privilége ne peut prendre naissance que par l'enregistrement de l'acte constatant le prêt à la grosse, dans les dix jours de sa date ? Comment, d'un autre côté, pouvoir accomplir cet enregistrement, s'il n'y a pas d'écrit qui constate le prêt ? C'est là une impossibilité matérielle contre laquelle viendront forcément échouer ceux qui admettent la preuve testimoniale en notre matière.

Nous avons dit que l'acte qui constate le prêt doit mentionner :

1° Le capital prêté et la somme convenue pour le profit maritime.

Ce qui forme, en effet, la matière de ce contrat, c'est la somme prêtée ; si donc celle-ci ne se trouvait pas mentionnée, l'acte ne ferait pas connaître l'un des éléments essentiels du contrat qui, par suite, ne se trouverait pas régulièrement établi par écrit. De même, si le profit maritime ne se trouvait pas mentionné dans l'acte.

2° Les objets sur lesquels le prêt est affecté.

Cette mention est essentielle ; en effet, le prêteur ayant un privilége sur les objets affectés au prêt ; mais sur ceux-là seulement, il est de la plus haute importance que les tiers sachent sur quels objets porte ce privilége. L'omission de cette énonciation aurait pour résultat de faire tomber le privilége du prêteur vis-à-vis des tiers.

3° Les noms du navire et du capitaine.

Si le nom du navire n'était pas mentionné dans l'acte, l'art. 324 ne recevrait point d'application ; si, en effet, il n'y avait point de navire désigné au contrat, il serait toujours loisible au capitaine de charger les marchandises sur tel navire qu'il lui plairait, et cela souvent contre la volonté du prêteur. Nous ne croyons pas que l'omission du nom du capitaine pût tirer à conséquence ; le capitaine, en effet, a la faculté de pouvoir toujours se faire remplacer dans la conduite du navire ; aussi est-il d'usage de mentionner cette faculté dans les actes de prêt à la grosse.

4° Ceux du prêteur et de l'emprunteur.

Il est de toute évidence que si l'acte ne contenait pas le nom des parties, il serait entièrement nul ; c'est là un principe qui s'applique non seulement au contrat à la grosse, mais à tous les contrats.

5° Si le prêt a lieu pour un voyage.

La loi, en effet, tout en laissant la plus grande liberté aux parties pour stipuler la durée des risques, exige cependant que leur volonté soit clairement manifestée à ce sujet, afin de prévenir toute contestation entre les contractants lors du paiement. A défaut de cette mention, il faudrait, non pas annuler le contrat, mais régler la durée des risques d'après les usages commerciaux du lieu de la passation du contrat.

6° Pour quel voyage et pour quel temps ?

Le capitaine étant tenu de conduire son navire au lieu fixé, ce serait lui donner la faculté de modifier sa route que de ne point énoncer au contrat le lieu de destination. La détermination du temps n'est pas moins nécessaire, car après l'époque fixée, le péril est à la charge de l'emprunteur, et non plus du prêteur.

7° L'époque du remboursement.

Les parties peuvent convenir que le remboursement de la somme prêtée pourra ne s'effectuer qu'après un certain temps à partir de l'époque de l'exigibilité ; à défaut de stipulation, le prêteur pourrait poursuivre le remboursement du capital prêté et de l'intérêt maritime aussitôt après l'époque où les risques cesseraient d'être à sa charge.

Comme on a pu le voir, toutes ces formalités n'ont pas un égal degré d'importance ; aussi la nullité du contrat ne pourrait résulter que de l'omission de celles qui le détruisent dans son essence. Aux termes de l'art. 312, l'enregistrement de l'acte constatant le prêt à la grosse doit être effectué dans les dix jours de sa date, à peine pour le prêteur de perdre le privilége que lui accorde l'art. 320. Le même article indique comme lieu d'enregistrement le greffe du tribunal de commerce. Il était à craindre, en effet, qu'un commerçant, à la veille d'une faillite, ne vînt à emprunter à la grosse au moyen d'actes antidatés, et qu'il ne se créa ainsi des créanciers privilégiés qui, à l'aide de cette manœuvre frauduleuse, seraient venus primer les créanciers légitimes.

Les termes vagues de l'art. 312, « au greffe du tribunal de commerce, » ont donné lieu à une longue controverse. De quel tribunal de commerce s'agit-il ? s'est-on demandé. Est-ce de celui du domicile du prêteur ? N'est-ce pas plutôt celui du domicile de l'emprunteur, ou de celui du port auquel appartient le navire objet du prêt, ou enfin de celui du lieu dans lequel s'effectue le prêt ? La loi ne le dit point. Que devra-t-on donc décider à ce sujet ? Pour nous, nous adoptons le système de ceux qui pensent que le tribunal compétent est celui du domicile de l'emprunteur. Quel est, en effet, le but de la loi en prescrivant la formalité de l'enregistrement? C'est de porter à la connaissance des tiers la position de l'emprunteur, de leur faire connaître le privilége dont sont grevés les objets affectés par lui à l'emprunt, et de l'empêcher de les affecter de nouveau à un autre emprunt; or, ce but n'est nullement atteint si l'enregistrement n'a pas lieu au tribunal du domicile de l'emprunteur. La Cour de cassation a cependant rendu, à la date du 20 février 1844, un arrêt par lequel elle déclarait que l'enregistrement de l'acte, constatant le prêt à la grosse, pouvait aussi valablement avoir lieu au tribunal de commerce du domicile de l'emprunteur qu'au tribunal de commerce du lieu où le contrat est passé. Elle faisait remarquer, à ce propos, que la loi n'indiquait pas de préférence positive pour l'un ou l'autre de ces tribunaux, et qu'il n'était pas permis d'ajouter à la loi, surtout quand il s'agissait d'édicter des déchéances.

Remarquons qu'entre les parties, la mention d'enregistrement n'a aucune utilité ; aussi vis-à-vis d'elles, le contrat n'en serait pas moins valable lors même qu'il n'aurait pas été enregistré. L'art. 312 ajoute *in fine* « qu'en cas où le prêt à la grosse serait contracté à l'étranger, il devrait être soumis aux formalités prescrites par l'art. 234 du Code de commerce. » Or, ces formalités, nous les connaissons; elles consistent, d'une part, dans l'obligation imposée à l'emprunteur de faire constater la nécessité de l'emprunt par un procès-verbal signé des principaux de l'équipage et revêtu de l'autorisation du consul français ou du magistrat du lieu.

L'acte de prêt à la grosse peut être fait à ordre, et dans ce cas, il devient négociable par la voie de l'endossement. Nous devons remarquer à ce propos la règle édictée par l'art. 314 : « La garantie de paiement, y est-il dit, ne s'étend pas au profit, à moins que le contraire n'ait été expressément stipulé. » Ainsi, si le prêteur est actionné par un endosseur, il ne lui devra garantie que pour le capital seulement ; la loi a pensé qu'il serait en effet injuste que le prêteur se vît forcé de garantir à un moment donné un profit maritime de 30 ou 40 0/0 qu'en réalité il n'aurait pas touché. Du reste, on doit appliquer en cette matière les mêmes règles que pour l'endossement en matière de lettre de change.

CHAPITRE III.

Des effets du contrat à la grosse; des obligations de l'emprunteur; des droits et du privilége du prêteur.

§ I. — Des obligations de l'emprunteur.

L'emprunteur s'engage à restituer le capital prêté augmenté du profit maritime, mais cette obligation est conditionnelle, et il ne devra l'acquitter que si les choses affectées au prêt ne sont pas perdues par quelqu'accident de force majeure dont réponde le prêteur.

D'où il résulte qu'il sera complétement libéré « si les effets sur lesquels le prêt à la grosse a eu lieu sont entièrement perdus et que la perte soit arrivée par cas fortuit dans le temps et le lieu des risques » (art. 325). Le temps des risques est l'intervalle qui s'écoule depuis l'époque à laquelle les riques commencent à courir jusqu'à l'arrivée du navire au port de destination. Par lieu du risque, on doit entendre non seulement la route que le navire doit suivre, d'après ce qui a été convenu, mais aussi le navire lui-même, lorsque le prêt a été fait sur facultés. Si donc le capitaine vient à modifier volontairement sa route ou s'il vient à transborder sans nécessité les marchandises sur un autre navire, à partir de ce moment les risques ne seront plus à la charge du prêteur, qui n'en devra pas moins toucher le profit maritime, comme si en définitif les risques étaient toujours restés à sa charge.

C'est au capitaine qu'incombe la charge de prouver que le changement de route ou le changement de navire n'a eu lieu que par suite d'un cas de force majeure.

Pour que l'emprunteur soit entièrement libéré envers le prêteur, il ne suffit pas que le sinistre se soit réalisé dans le lieu des risques et dans le temps voulu, il faut de plus que ce sinistre ait entraîné la perte complète des objets affectés au prêt; s'ils ne sont perdus qu'en partie, le capitaine restera débiteur du prêteur jusqu'à concurrence de cette partie, qu'il devra lui abandonner pour être libéré entièrement (1).

---

(1) La loi vise spécialement le cas de naufrage et décide qu'alors le paiement des sommes empruntées est réduit à la valeur des effets sauvés et affectés au contrat, déduction faite des frais de sauvetage (art. 327).

En général, il intervient une estimation avant le départ du navire, et qui porte sur les objets affectés au prêt, dans le but d'apprécier exactement la valeur de ces objets ; cette estimation n'est nullement indispensable à la validité du contrat, mais elle présente une sérieuse utilité dans le cas de perte des marchandises affectées au prêt ; si, en effet, cette formalité n'était pas observée, le capitaine devrait prouver :

1° Que des effets étaient chargés sur le navire ;

2° Qu'ils avaient une valeur au moins égale à celle de la somme empruntée ;

3° Qu'ils étaient chargés pour son compte (art. 329).

Supposons maintenant que le remboursement de la somme prêtée doive s'effectuer, le navire étant heureusement arrivé, il n'est pas douteux dans ce cas que les intérêts maritimes ne cessent de courir ; mais ne devra-t-on pas accorder au prêteur les intérêts de terre, et cela de *plein droit*, par la seule exigibilité du capital prêté et sans qu'il soit besoin d'une demande en justice ? Doit-on dire, au contraire, que ces intérêts ne seront point dus de plein droit et qu'ils ne commenceront à courir que du jour de la demande ? Nous laissons évidemment de côté l'hypothèse où les parties, lors de la formation du contrat, auraient convenu que les intérêts courraient par la seule arrivée du jour de l'exigibilité du capital prêté ; il ne saurait y avoir de doute sur ce point, et le désir des parties, clairement formulé, devrait avoir force de loi ; nous ne nous occupons que du cas où les parties auraient gardé le silence à ce sujet.

La question qui nous occupe, déjà controversée du temps de Pothier et d'Émérigon, ne l'est pas moins actuellement. Boulay-Paty pense, comme Émérigon, que le prêteur doit bénéficier de l'intérêt de terre du jour même où le capital devient exigible, et ce, sans qu'il soit besoin de sommation de sa part. Il appuie sa décision sur les usages commerciaux reçus en semblable matière, et sur les jugements de différents tribunaux de commerce qui ont déclaré que l'intérêt était dû de plein droit. Pour nous, l'opinion contraire nous semble préférable, et nous admettons que l'intérêt de terre ne peut courir contre l'emprunteur qu'à partir du jour de la demande en justice, sauf stipulation contraire des parties. Nous ne croyons pas, en effet, que les motifs invoqués par Boulay-Paty soient suffisants ; d'autant plus que même en matière commerciale, on trouverait des exemples où les intérêts ne courent point de plein droit, comme en matière de lettre de change, où l'intérêt n'est dû par le souscripteur que du jour du protêt.

Tout ce que nous venons de dire du capital doit s'appliquer à l'intérêt maritime qui, lui aussi, pourrait, lors de son exigibilité, produire des intérêts de terre, mais seulement sur la demande du prêteur.

§ II. — Des droits et du privilége du prêteur.

Avant de parler des droits du prêteur, nous devons dire un mot de l'art. 330, ainsi conçu : « Les prêteurs à la grosse contribuent à la décharge des emprunteurs, aux avaries communes. Les avaries simples sont aussi à la charge des prêteurs, s'il n'y a convention contraire. » Par avarie, le Code entend tout dommage qui arrive au navire ou aux marchandises, depuis le chargement et le départ jusqu'au retour et déchargement, et toutes dépenses extraordinaires faites pour ces deux objets conjointement ou séparément, durant le voyage. Il y a deux classes d'avaries : les avaries communes et les avaries simples. Par avarie commune, il faut entendre tout dommage souffert volontairement pour le bien et salut commun du navire et des marchandises, et toute dépense extraordinaire faite dans le même but. On pourrait citer à titre d'exemple d'avaries communes la perte des ancres abandonnées pour le salut commun, le pansement des matelots blessés en défendant le navire, etc.

Par avaries simples, on entend tout dommage involontaire et toutes dépenses extraordinaires faites pour le navire seul ou pour les marchandises seules. On peut citer, à titre d'exemple, la perte des ancres, causée par tempête, le dommage arrivé aux marchandises par tempête, prise, naufrage, etc. Remarquons que sous l'empire de l'ordonnance de 1681, le prêteur ne répondait des avaries simples que si cela avait été expressément convenu entre les parties.

Lorsque les objets affectés au prêt arrivent en bon état, le prêteur a le droit de se faire payer ; mais c'est au lieu où se trouve le navire, lorsque le risque finit, que le paiement doit se faire. En l'absence du prêteur ou d'un mandataire chargé par lui de toucher les fonds, l'emprunteur serait dans l'impossibilité de payer ; aussi devrait-on dire que les intérêts de terre ne courraient point contre lui. En France, le paiement du billet de grosse doit se faire en espèces ; le paiement en nature n'aurait lieu que si les parties en étaient convenues expressément. Le prêteur peut poursuivre le paiement de ce qui lui est dû de deux manières : ou en recourant contre l'emprunteur au moyen de l'action personnelle qu'il a contre lui, ou bien en exerçant le privilége que lui accorde l'art. 320, pour sûreté non seulement du capital prêté et du profit maritime, mais aussi de l'intérêt terrestre, et qui est réglé de la manière suivante :

Lorsque le prêt est fait sur corps et quille du navire, le privilége porte indistinctement sur tout ce qui constitue celui-ci, le navire lui-même, les agrès, apparaux, victuailles, armement, voire même le fret, quoique nous ayons dit que ce dernier ne puisse être affecté au prêt. A l'arrivée du navire, en effet, il y a eu transformation, par suite de l'heureux voyage, de ce qui n'était qu'une simple espérance au commencement de la navigation en un droit acquis. Du reste, il n'y a rien là que de fort raisonnable ; le fret, en effet, n'est que le fruit civil du navire ; comme le navire lui-même dont il n'est qu'un accessoire, il devait donc garantir la dette. Autre motif, si le privilége portait exclusivement sur le navire, souvent, à l'arrivée de celui-ci à destination, le privilége du prêteur ne se trouverait plus être ce qu'il était à l'origine ; en effet, pendant une navigation, si peu longue qu'elle soit, les agrès d'un navire se détériorent, les provisions se consomment, les avances faites aux matelots s'épuisent ; or, le privilége du prêteur portant, nous l'avons dit, sur toutes ces choses, se trouve forcément affaibli par leur diminution de valeur ; il faut donc qu'il y ait une compensation pour le prêteur, et cette compensation se trouve dans l'affectation du fret en sa faveur.

Lorsque le prêt est fait sur le chargement, le privilége porte sur la cargaison même ; le prêteur dans ce cas est assimilé à un créancier gagiste, par rapport aux autres créanciers de l'emprunteur ; par suite, il sera payé sur le prix du gage par préférence à ceux-ci.

Si c'est sur un objet particulier du navire ou du chargement que l'emprunt a été contracté, le privilége du prêteur s'exercera seulement sur l'objet affecté et dans la proportion pour laquelle l'affectation a eu lieu.

L'art. 191, C. c., nous dit également, dans le paragraphe 9 : « sont privilégiées les sommes prêtées à la grosse sur le corps, quille, agrès, apparaux, pour radoub, victuailles, armement, équipement, avant le départ du navire. » Cette disposition de l'art. 191 a été abrogée par l'art. 27 de la loi du 10 décembre 1874, qui rend les navires susceptibles d'hypothèque. Le même art. 27 porte que désormais la mention suivante devra être ajoutée à l'art. 191 : « Les créanciers hypothécaires sur le navire viendront dans leur ordre d'inscription après les créances privilégiées. » L'art. 27 de la présente loi, disait M. Grivart dans son rapport au nom de la commission, a pour objet de faire disparaître l'un des priviléges admis par la loi commerciale, celui du prêteur à la grosse pour radoub, victuailles, armement et équipement avant le départ du navire. Ce privilége naît de la convention ; il n'est soumis qu'à une condition qui dépend de la volonté des parties, celle du dépôt d'une expédition ou d'un double de l'acte au greffe du tribunal de commerce, dans les dix jours de sa date ; n'est-il pas clair dès lors que son maintien est incompatible avec l'institution de l'hypothèque ? La garantie du prêteur serait illusoire s'il était loisible au débiteur, en contractant un emprunt à la grosse, d'enlever son rang à l'hypothèque qu'il vient de constituer. Quels services du reste rend au commerce maritime le prêt à la grosse avant le départ ? Aucun, car il y a dans ce moyen de se procurer des fonds quelque chose de si anormal et de si onéreux que nul armateur soucieux de son crédit n'oserait y recourir ; on n'y recourt pas en effet, et nous avons recueilli ce témoignage que le prêt à la grosse avant le départ est resté sans application. Nous ne devions pas dès lors hésiter à sacrifier un privilége qui, dépourvu de toute utilité propre, eût été un grand obstacle au développement du crédit hypothécaire. »

Tels sont les motifs qui ont porté le législateur actuel à supprimer le privilége de l'art. 191, § 9 ; cette suppression a entraîné nécessairement celle du § 7 de l'art. 192. C'est encore par une conséquence de cette modification qu'on a été amené à apporter un changement à l'art. 233, changement que nous avons indiqué plus haut.

Le privilége de l'art. 320 n'est éteint que par le paiement effectif ou par la novation ; encore cette dernière doit-elle être formellement stipulée, ou tout au moins résulter d'un acte qui ne laisse aucun doute sur l'intention des parties. Ainsi, il n'y aurait pas novation et le privilége ne serait pas éteint si, en vertu d'une clause insérée au contrat, le capitaine remettait au prêteur des lettres de change pour le montant du profit maritime ; il n'y aurait là, en effet, qu'un mode convenu pour la restitution du prêt, qui ne donnerait au prêteur que le droit de se faire payer par un tiers, de sorte qu'en cas de non paiement, son action en remboursement du prêt resterait en entier.

Si l'emprunteur à la grosse n'était que le possesseur des objets sur lesquels il a emprunté, et non pas le véritable propriétaire, le prêteur aurait-il néanmoins son privilége sur les objets affectés au prêt ? Pour résoudre cette question, il faut faire la distinction suivante : si le prêt a été fait sur les marchandises composant la cargaison du navire, le prêteur acquerra un privilége sur celles-ci, et cela lors même qu'il aurait contracté avec le simple possesseur de ces marchandises, la possession de ces marchandises faisant présumer que celui qui les possède en est propriétaire. Si, au contraire, le prêt a été fait sur le navire, le prêteur n'acquerra un privilége sur celui-ci qu'autant qu'il aura contracté avec le véritable propriétaire et non plus seulement avec le possesseur. D'où vient cette différence entre les deux cas ? C'est que dans le premier, les marchandises étant ordinairement transmises de la main à la main, il eût été très-difficile d'en prouver la propriété ; d'autant plus que le possesseur est protégé par la règle : en fait de meubles, possession vaut titre. Dans le second, au contraire, la règle que nous venons d'énoncer ne pourrait pas s'appliquer au possesseur d'un navire, car les navires, quoique étant *meubles*, sont mis dans une catégorie à part par la loi, qui exige que leur vente soit constatée par écrit. Il sera donc dès lors facile au prêteur de s'assurer si l'emprunteur est propriétaire du navire qu'il veut affecter au prêt, en se faisant représenter l'acte de propriété. S'il ne le fait pas, il est imprudent, et dès lors il est juste qu'il supporte les conséquences de son imprudence. Remarquons toutefois, pour ce dernier cas, que si l'emprunteur était propriétaire du navire pour une partie déterminée, le prêteur aurait un privilége qui porterait sur cette partie du navire dont l'emprunteur serait propriétaire.

Dans l'art. 323, nous trouvons une application du principe si important en matière de privilége, en vertu duquel passe le premier le créancier qui a conservé le gage des autres créanciers : « Les emprunts faits pour le dernier voyage du navire, nous dit cet article, sont remboursés par préférence aux sommes prêtées pour un précédent voyage, quand même il serait déclaré qu'elles sont laissées par continuation ou renouvellement. Les sommes empruntées pendant le voyage sont préférées à celles qui auraient été empruntées avant le départ du navire ; et s'il y a plusieurs emprunts faits pendant le même voyage, le dernier emprunt sera toujours préféré à celui qui l'aura précédé. » Le plus souvent, en effet, le prêt fait pendant un voyage aura fourni au capitaine le moyen de continuer sa route ; par conséquent, ayant sauvegardé le gage de tous les créanciers, il est juste que celui qui a prêté la somme au cours du voyage, passe avant celui qui a fait un prêt au commencement du voyage. Pour la même raison, le prêteur qui aurait fait un prêt également au cours du voyage, mais postérieurement au premier, devrait primer et le prêteur du commencement du voyage, et le prêteur du cours du voyage, qui avait prêté avant lui. Si, pendant une relâche, différents emprunts étaient faits par le capitaine, mais tous pour être affectés à la même opération, par exemple pour l'achat de mâts, les prêteurs concourraient entre eux.

Il ne nous reste plus qu'à parler du cas réglé par l'art. 331, qui dit que, « s'il y a contrat d'assurance et contrat à la grosse sur le même navire ou sur le même chargement, le produit des effets sauvés du naufrage est partagé entre le prêteur à la grosse, pour son capital seulement, et l'assureur, pour les sommes assurées, au marc le franc de leur intérêt respectif, sans préjudice des priviléges établis à l'art. 191. »

Pour réaliser l'hypothèse d'un contrat à la grosse et d'un contrat d'assurance sur le même navire ou sur le même chargement, il suffit d'admettre que le prêt a été fait sur un navire ou sur un chargement d'une valeur plus considérable que la somme prêtée, et que l'emprunteur a fait ensuite assurer cet excédant de valeur. Le concours de l'assureur et du prêteur est assez difficile à justifier, juridiquement parlant, d'autant plus que l'ordonnance de 1681 décidait que, dans le cas qui nous occupe, le donneur à la grosse devait être préféré à l'assureur, mais pour son capital seulement. En effet, l'assureur n'est que l'ayant-cause de l'assuré; il ne devrait, par conséquent, pas avoir plus de droit que celui au nom duquel il agit ; or, l'assuré ne pourrait pas, en cas de sinistre, concourir avec le prêteur sur les marchandises sauvées ; donc, cette faculté ne devrait pas être accordée à l'assureur. Toutefois, ce concours peut trouver sa justification ; les rédacteurs du Code de commerce ont voulu par là favoriser le contrat d'assurance qui, il faut l'avouer, rend à la navigation les services les plus grands et les plus incontestables ; seulement, ils l'ont favorisé au détriment du prêt à la grosse. Ils ont sans doute considéré que le contrat à la grosse était souvent fort onéreux pour l'emprunteur, et peut-être ont-ils voulu prendre là un moyen détourné pour le rendre moins fréquent. Quant aux derniers mots de l'art. 331, « sans préjudice des priviléges établis dans l'art. 191, » ils font allusion aux priviléges qui, d'après l'énumération et l'ordre de cet art. 191, sont préférables aux prêteurs à la grosse et aux assureurs.

POSITIONS.

DROIT ROMAIN.

I. — Quæ ex nautico fœnore nascebatur actio, *condictio* erat.

II. — Fragmentum Scævolæ quod in Digestis, *De nautico* fœnore, reperitur, sic legi debet : Periculi pretium est, etsi conditione quamvis *non* pœnali existente recepturus sis quod dederis, et insuper aliquid præter pecuniam, si modo in *aliam* speciem non cadat : veluti ea ex quibus *condicliones* nasci solent, ut si manumittas, si non alliud facias, si non convaluero, et cætera.....

DROIT FRANÇAIS.

CODE CIVIL.

I. — Les sociétés civiles ne doivent point être considérées comme étant des personnes morales.

II. — Le droit de préférence que la réparation des patrimoines confère aux créanciers et légataires qui en font la demande n'est pas un privilége.

III. — L'action en garantie, qui naît au profit du propriétaire contre l'ouvrier, lorsque la maison construite s'écroule dans les dix ans, se pesrcrit par trente ans à compter du jour de la destruction de l'édifice ou de la découverte de ses vices.

IV. — Lorsqu'une succession a été acceptée sous bénéfice d'inventaire, les créanciers du défunt ont intérêt à demander de leur chef la séparation des patrimoines.

V. — Dans le cas où des créanciers ont saisi un immeuble dont leur débiteur était simplement possesseur, l'adjudicataire qui en est évincé a droit à garantie contre le débiteur saisi et à la répétition du prix contre les créanciers qui l'ont reçu.

CODE DE COMMERCE.

I. — L'enregistrement de l'acte constatant le prêt à la grosse doit avoir lieu au greffe du Tribunal de commerce du domicile de l'emprunteur,

II. — Le contrat à la grosse ne peut être prouvé par témoins.

III. — En matière de prêt à la grosse, les intérêts de terre ne courent pas de plein droit.

CODE DE PROCÉDURE.

On doit admettre des jugements par défaut faute de conclure devant les tribunaux de commerce.

DROIT ADMINISTRATIF.

Le médecin attaché à un bureau de bienfaisance n'exerce pas une fonction incompatible avec celle de conseiller municipal.

G.-E. BLANC.

Vu pour l'impression :

Le doyen,

Ed. BODIN.

Typ. Oberthur et fils, à Rennes.

www.ingramcontent.com/pod-product-compliance
Lightning Source LLC
Chambersburg PA
CBHW060520050426
42451CB00009B/1082